THÉATRE
DE
L'EUROPE.

LE CONGÉ,

*Drame Héroï-Comique à grand Spectacle
et Ballet, destiné à être représenté sur
le Grand Théâtre de l'Europe, et dont
l'annonce a été faite au public en Septembre 1814.*

A PARIS,

Chez { DELAUNAY, Libraire, galerie de Bois,
au Palais-Royal, N°. 243.
JOHANNEAU, Libraire, rue du Coq
St.-Honoré, N.° 6.

1815.

De l'Imprimerie de P. N. ROUGERON, rue de l'Hirondelle, N.° 22.

THÉATRE
DE
L'EUROPE.

LE CONGÉ,

Drame Héroï-Comique à grand Spectacle et Ballet, destiné à être représenté sur le Grand Thédtre de l'Europe, et dont l'annonce a été faite au public en Septembre 1814.

PROLOGUE.

EN ce temps là, *le Directeur en chef de la troupe des Comédiens de Londres ré-*solut de faire jouer à son bénéfice, sur le grand théâtre de l'Europe, une pièce héroï-comique de son invention. Il pensait, avec raison, que l'appas du gain ne manquerait pas de lui procurer des sujets convenables à son projet ; et comme sa caisse était bien fournie, et qu'il offrait d'ailleurs de pourvoir à tous les frais de la représentation, avec une part dans les produits; il fut bientôt d'accord avec les Directeurs des principales troupes de l'Europe, et il en résulta un acte de société dont voici les bases :

1°. Que le Directeur en chef des comédiens de Londres resterait désormais en possession du grand théâtre de l'Europe, et qu'il y ferait jouer à sa volonté toutes les pièces, tant tragiques que comiques, qui conviendraient à ses intérêts.

2°. Qu'à lui seul appartiendraient les enrôlemens des sujets des différentes troupes de l'Europe, et la répartition des divers rôles qu'ils devraient jouer.

3°. Et par condition expresse; qu'on signifierait un congé au *Directeur en chef de la troupe héroïque de France*, qui, depuis long-temps, était en possession du grand théâtre de l'Europe, et qui, fier de ses brillans succès, n'entendait partager avec personne les bénéfices de ses représentations. Il fut cependant convenu qu'on garderait, autant que possible, les acteurs de sa troupe, comme étant les meilleurs et les mieux formés de toutes les troupes.

Cet arrangement préliminaire terminé , le *Bureau de direction* se forma ainsi.

Directeur en chef.   Le Directeur de la troupe de Londres.

Régisseur principal.   Le Directeur de la troupe de St. - Pétersbourg.

La pièce devant être à grand spectacle , il était important d'avoir un *savant Machiniste.* On jeta les yeux sur un artiste français, depuis long-temps célèbre dans son art. Mais comme il avait souvent déserté les différentes troupes qui avaient reçu ses engagemens, et qu'il passait pour un homme faux, sans bonne-foi et sans honneur , il fut arrêté qu'on ferait les plus grands sacrifices pour l'enrôler : on y parvint ; et , malgré qu'il fût alors attaché à la troupe héroïque de France dont il recevait des émolumens considérables, il passa dans celle du Directeur de Londres, où il entra en qualité de membre du Bureau de direction.

Enfin , comme il était de l'honneur du Directeur en chef, que sa pièce eût un plein succès , et qu'elle fût jouée dans le sens de l'intrigue qu'il y avait développée ; il proposa *pour souffleur* un de ses acteurs, célèbre dans les emplois de *noble Lord*, qui avait été son coopérateur dans l'invention du drame. On lui confia le manuscrit de la pièce pour en étudier les divers rôles, et le mettre à portée de redresser au besoin la mémoire des acteurs qui devaient y figurer.

Quant à l'orchestre, le *Régisseur principal* se chargea de le composer des meilleurs musiciens de toutes les troupes de l'Europe; mais aux frais du Directeur en chef de Londres; il reçut pour cela de fortes sommes, avec le brevet de *surintendant-général* de toutes les symphonies qui devaient être exécutées dans la pièce, et du ballet qui devait la terminer.

Quand le Bureau de direction fut ainsi composé, on songea, avant tout, à l'exécution du troisième article de l'acte de société qui consistait, comme l'on sait, à *signifier un congé au Directeur en chef de la troupe héroïque de France*. Ce préliminaire de rigueur n'était pas sans difficulté. Le machiniste qui était dans le projet fit mouvoir ses machines. On mit dans le secret plusieurs acteurs distingués de la troupe héroïque, jaloux ou ennemis cachés de leur Directeur; on débaucha les uns à prix d'argent; on intimida les autres; et quand tout fut prêt, le *Régisseur principal* se chargea de porter la parole au *Directeur proscrit*, qui, après quelque vacarme, se voyant abandonné ou trahi par les compagnons de ses glorieux travaux, *accepta le congé, et se retira.*

Tout devint facile dès ce moment au Directeur en chef de Londres et à ses associés; et il ne fut plus question que de choisir les acteurs propres à faire réussir la nouvelle pièce.

Il y avait dans le monde une ancienne troupe, qui autrefois avait été en possession des premiers emplois sur le théâtre de France; mais qui, redoutant de se mesurer avec la troupe héroïque qui s'y était établie, et depuis long-temps délaissée, se trouvait reduite à la triste ressource de jouer, *comme troupe ambulante,* sur les théâtres secondaires de l'Europe. On connaît la jalousie et l'ambition qui se glissent dans les coulisses. Le bruit de la disgrace du Directeur de la troupe héroïque de France réveilla ses espérances; elle fit offrir ses services au Directeur en chef de Londres, promit un zèle et un dévouement sans bornes à ses intérêts, et sur-tout de bien saisir l'esprit de la pièce pour la faire réussir au gré de ses desseins ; elle renonça de plus à toute espèce de part dans les produits de la représentation, ajoutant qu'elle se contenterait de l'honneur qu'on voudrait bien lui faire de la rétablir dans ses antiques droits, et de l'admettre aux premiers rôles de la pièce projetée. Tant de désintéressement et une si bonne volonté déterminèrent les suffrages du Bureau de direction ; et, quoique cette troupe n'inspirât pas une très-grande confiance, elle fut admise à l'essai, et *enrôlée provisoirement*.

Or, voici de quelle manière se composait cette troupe. Il y avait cinq acteurs principaux.

Un vieux Comédien, depuis long-temps connu par son jeu faux ; d'ailleurs usé, et d'un physique lourd ; mais qui, après s'être vainement essayé dans les rôles nobles, avait fini par se jeter dans *les rôles à manteau*, où il jouait assez passablement.

Un vieux Roué, bon pour les rôles de courtisan et de petit-maître suranné. Il avait autrefois excellé dans les emplois de Héros des ruelles.

Un grand Niais, bien efflanqué, dont le masque était parfait, habile dans le chant du lutrin, et propre à jouer le rôle de Bedeau de paroisse.

Un Paillasse, qui avait fait une étude particulière du jeu du Directeur en Congé, et qui pouvait le singer au besoin; excellent d'ailleurs dans les rôles d'Ivrogne et de Héros des tavernes.

Une Jeune première, modèle dans les rôles de Prude et de Grimacière.

Cette troupe avait de plus un *premier Valet*, intrigant et fripon au suprême degré; *des joueurs de Gobelets* pour les rôles de Ministres; une troupe de *Combattans postiches*, et une suite nombreuse de *Valets en sous-ordre* bien faconnés, et de *Soubrettes* bien acariâtres et bien enluminées.

Mais ce qui donnait plus de prix encore à l'acquisition de cette troupe, c'était la promesse qu'elle faisait d'attirer dans ses rangs un *Tartufe consommé* avec lequel elle n'avait jamais cessé d'entretenir des liaisons intimes. Cette promesse était d'autant plus importante, que ce tartufe, maintenant Directeur en chef de la *troupe des Comédiens de Rome*, avait un magasin considérable d'habits de théâtre pour tous les rôles d'hypocrisie, et une suite nombreuse d'élèves dans son art. Enfin, elle devait être renforcée par deux acteurs, fameux dans l'emploi *de Ty-rans*; l'un venu *de Sardaigne*, et l'autre *d'Espagne*, et tous les deux connus par la perfection effrayante de leur jeu.

Telle était la troupe que le Directeur en chef de Londres prit à ses gages pour la représentation de sa pièce. On eut quelque peine à l'amalgamer avec les restes de la troupe du Directeur en Congé; mais enfin, grâce au savant machiniste et à l'or du Directeur anglais, tout s'arrangea tant bien que mal, et la pièce fut mise à l'étude. Voici comment les rôles furent distribués.

DISTRIBUTION DES ROLES.

Idée générale de la Pièce et du Ballet.

Un des principaux personnages du Drame était un *Simulacre de roi*, élevé sur le trône d'un prince abattu et exilé, pour servir d'échaffaudage aux intrigues d'un parti ennemi, qui voulait régner sous son nom, sur ses états; se prêtant lui-même au succès de ces intrigues; sacrifiant la gloire, l'honneur et les intérêts de son peuple au vain appareil du trône; conduit par un valet adroit et audacieux, devenu son favori; jouet de l'astuce et de l'hypocrite ambition des prêtres ; promettant beaucoup, avec l'intention de ne rien tenir ; ayant pour ministres, des joueurs de gobelets et d'insignes escamoteurs ; pour garde, des soldats postiches ; pour conseil et pour généraux, des courtisans avilis et des traîtres à tous les partis : un roi, en un mot, aussi grotesque que *Sancho-Pança* dans son île. ... On donna ce rôle au premier acteur à manteau de l'ancienne troupe de France ; on composa sa cour d'une partie de sa suite ; et, pour l'exercer, on lui adjoignit le *souffleur Anglais* qui fut chargé de lui faire faire des répétitions fréquentes, et de fortifier sa mémoire vacillante dans les parties de son rôle qui importaient le plus au succès de la pièce.

Il y avait de plus dans le drame, *deux Rivâles ;* l'une détrônée et cherchant à revendiquer ses droits ; et l'autre cherchant à se frayer un chemin au pouvoir suprême, pour y exercer des vengeances et des cruautés. La première était noble, ferme, généreuse ; c'était une mère sublime, une épouse vertueuse que la disgrace de son époux renversé du trône, et les malheurs de son fils dépouillé de ses droits, n'avaient point abattue... Ce beau rôle fut donné *à la Jeune première de la troupe du Directeur en Congé,* qui s'était toujours montrée un modèle accompli dans le genre noble. Quant à celui de la seconde rivale, comme il devait représenter une princesse dévote, ambitieuse, vindicative et dissimulée, il fut adjugé *à la Jeune première de l'ancienne troupe de France,* connue déjà par ses brillans succès dans les rôles de Prude.

Ces deux rivales avaient chacune dans la pièce des confidens et un parti dévoué à leurs intérêts. On donna pour auxiliaires à la Princesse Noble, les acteurs les plus distingués de la troupe héroïque de France, *avec sa garde ;* et à la seconde, le *célèbre Tartufe* dont nous avons parlé, *les deux Tyrans de Sardaigne et d'Espagne ,* et une suite nombreuse de *Moines* de toute couleur, d'*Evéques ,* de *Jésuites ,* figurant la Discorde, le Fanatisme, la Vengeance, et traînant après eux l'appareil terrible des tribunaux et des bûchers de l'inquisition.

Il avait des héros pour commander à ces deux partis. Celui de la rivale dévote fut confié au *Paillasse* de l'ancienne troupe de France, qui, pour s'acquiter dignement de son emploi, se mit à parodier le Directeur

de la troupe héroïque en congé, à caraco-
ler comme lui à cheval, à faire le brave à la
tête de ses bataillons postiches , à tonner ,
tempêter , jurer, et à combattre, comme
Dom Quichotte, des moulins à vent, en
attendant le jour de ses prouesses dans le
rôle qui lui était destiné.

Quant au chef du parti de ·la princesse
noble, on crut devoir laisser ignorer le nom
de l'acteur destiné a remplir ce grand rôle ,
afin, sans doute, de surprendre plus agréa-
blement le public.

On ne fut point embarrassé pour trouver
des sujets propres à exécuter les scènes plai-
santes de la pièce, (car le Directeur en chef
avait trouvé l'art de lier à son drame le
genre larmoyant et le genre comique,)
toutes les troupes de l'Europe étaient abon-
damment pourvues de *Niais , * de *Bouffons*
et d'*Arlequins.* Cependant on prit de pré-
férence le *Gille* de l'ancienne troupe de
France qui n'avait pas d'égal pour la perfection de son masque , et quelques autres
choisis çà et là parmi les acteurs des troupes
secondaires qui formaient une confédération
théâtrale sur les bords du Rhin.

Enfin, comme il y avait dans la pièce des

rois à détroner dont la dépouille devait servir à indemniser un parti vainqueur, mais dont la résistance devait être fatale à leurs ennemis ; on prit, pour les représenter, les Directeurs des troupes de *Naples*, de *Saxe* et de *Suède*, comme étant ceux qui pouvaient soutenir avec le plus de fermeté ce rôle difficile et périlleux.

BALLET ET DENOUEMENT.

La pièce était terminée par un ballet qui devait servir de dénouement à l'intrigue. Tout alla assez bien jusque-là ; il y eut assez d'ensemble dans le jeu des acteurs. Mais, ô vicissitude des choses humaines ! au moment du ballet, la division se glissa parmi tant d'acteurs réunis et jaloux les uns des autres. Les machines, mal dirigées, ecrasèrent le machiniste, les acteurs les plus distingués de l'ancienne troupe de France, et les deux tyrans de Sardaigne et d'Espagne. Une terreur soudaine dérangea et dispersa les groupes de moines et de prêtres conduits par le *Tartufe en chef* et par le *Paillasse*. La Discorde passa du théâtre dans l'orchestre ; la voix du Directeur en chef et du Régisseur principal n'était plus écoutée ; le souffleur ne

pouvait plus se faire entendre. Enfin le dénouement était totalement manqué, et le
public commençait à siffler, lorsque le *Directeur en Congé* instruit des événemens, se
présenta tout-à-coup sur la scène : à sa vue,
toute son ancienne troupe se réunit à lui ; il
reprend le rôle de héros de la pièce ; il la
termine par un ballet exécuté avec *la rivale
noble* qu'il couronne, et les bénéfices de la
représentation lui sont unanimement adjugés.

Nota. *Un grand nombre de copies de cet écrit,
singulier par la vérité de ses rapprochemens,
a été répandu dans le public dans les derniers
mois de 1814. On pense que son intérêt ne peut
être diminué par les grands événemens qui se
passent sous nos yeux, et c'est ce qui en a
déterminé la publicité.*

D. . . . A.